KB212756

법정스님이 세상에 남긴

맑고 향기로운 이야기

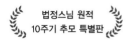
법정스님이 세상에 남긴

맑고 향기로운 이야기

글 법정 | 그림 김계윤

불교신문사

일러두기

- 이 책에 실린 원고는 법정스님이 1960년대 초부터 1970년대 중반까지 《불교신문》에 게재했던 원고를 모아 2019년 11월에 출간한 책 『낡은 옷을 벗어라』에서 설화부분 원고 13편을 모은 것입니다.
- 설화부분 원고는 법정스님이 부처님 가르침이 들어 있는 경전을 번역·윤문하고, 일부는 스님이 직접 창작해 일반인들도 불교의 가르침을 쉽게 이해할 수 있도록 하였습니다.
- 일부 원고는 독자들이 읽기 편하게 전체 맥락이 변하지 않는 범위에서 최소한 문장을 수정하였고, 어법 또한 현대문법에 맞추었습니다.
- 책에 대한 수익금은 《불교신문》 문서포교와 '(사)맑고 향기롭게'의 장학기금으로 활용됩니다.

차례

어진
사슴

○

먼 옛날 인도의 간지스 강가에 사슴 한 마리가 살고 있었다. 배가 고프면 벌에 나가 풀이나 뜯고 목이 마를 땐 강기슭에서 흐르는 물을 마셨다. 낮에는 나무 그늘에 앉아 허공중에 한가로운 흰 구름을 바라보며 눈망울을 맑히고 밤이면 숲속 나뭇가지에 걸린 별들을 세며 좀 외롭긴 하여도 평화롭게 살고 있었다. 그런데 신기하게도 이 사슴은 아홉 가지 털빛을 띠고 있었고, 그 뿔은 이상스레 하얗다. 그리고 한 마리의 까마귀와 늘 사이좋게 지내고 있었다.

어느 봄날 아지랑이가 피어오는 잔잔한 강기슭에서 사슴은 목을 축이고 있었다. 그때 마침 한 사나이가 물에 빠져 허우적거리며 떠내려 오고 있었다. 그 사내는 나무 토막을 붙들고 하늘을 쳐다보며 울부짖었다.

"산신과 나무의 신과 하늘의 신이여! 어째서 물에 빠진 나를 보고도 구해주지 않는가?"

사슴은 그걸 보자 가엾은 생각이 났다. 물속에 뛰어들어 그 사나이를 간신히 건져 주었다. 사내는 머리를 땅에 조아리며 "이 은혜를 어떻게 갚아야 하겠습니까? 나를 당신의 종으로라도 써 주십시오." 하고 감사하였다.

"그럴 필요는 없어요. 저에게 굳이 은혜를 갚아주려거든 제가 살고 있는 집을 다른 사람들에게 알리지나 마세요."

이렇게 사슴은 말했다. 사내는 그러다 뿐이냐고 굳게 약속하고 그곳을 떠났다. 그럴 무렵 이 나라의 왕비가 병으로 눕게 되었다. 그 병의 까닭이란 아홉 가지 털빛을 가진 사슴을 꿈에 보았는데 그 털로 깔개를 만들고 뿔로는 부채 자루를 만들어 가졌으면 하는 생각에서였다. 임금은 왕비의 말을 듣고 곧 온 나라에 영을 내려 상금을 걸고 그 아홉 가지 털빛을 한 사슴을 찾게 하였다.

이와 같은 일을 알게 된 그 사내는 '이젠 됐어! 그러한 사슴이 살고 있는 곳은 나밖에 모를 거야. 아무래도 그건 짐승이니까 은혜고 무어고 알 게 무어야.' 이렇게 생각하고 임금에게 가서 말했다.

"저는 그 사슴의 거처를 알고 있습니다. 문제없이 잡아

올 수 있습니다."

임금은 아주 기뻐하면서 "네가 정말 그런 사슴을 잡는다면 이 나라의 절반을 나누어 주마." 하고 사내에게 약속하였다.

그리하여 임금은 그 사내를 길잡이로 많은 신하들과 함께 길을 떠났다. 마침내 그들 일행이 간지스 강가에 다다르자, 사슴과 의가 좋은 까마귀가 이 일을 알고 "사슴님, 이 일을 어쩌면 좋아요? 사슴님을 잡으려 왔어요." 하고 나무 그 밑에서 잠들어 있는 사슴을 흔들어 깨웠다. 하지만 때는 늦어, 몸을 피할 겨를이 없었다. 그들은 벌써 사슴을 둘러싸고 있었으므로 사슴은 하는 수 없이 임금 앞으로 나아가 공손히 무릎을 꿇고 절한 다음 이렇게 말했다.

"임금님, 저를 죽이는 일을 잠깐만 멈춰 주세요. 사뢸 말씀이 있습니다. 저는 얼마 전에 임금님께 은혜를 베푼 일이 있어요."

"네가 나에게 은혜를 베푼 일이 있다고?"

임금은 어리둥절해 하였다.

"그렇습니다. 그것은 임금님께서 다스리는 나라에 사

는 백성 한 사람의 목숨을 구해준 일이 있습니다."

사슴은 다시 말을 이어 이렇게 물었다.

"임금님은 제가 이곳에 살고 있는 줄을 어떻게 아셨어
요?"

임금은 길잡이로 나선 그 사내를 가리켰다. 사슴은 그
를 보자 깜짝 놀랐다. 금시 눈엔 눈물이 고였다.

"제가 전날 물에 떠내려가는 것을 보고 구해준 이는 바로 저 사람이에요. 사람들이란 은혜도 몰라보는군요!"

이 말을 듣고 임금은 크게 부끄러웠다. 당장 그 인정머리 없는 사내를 꾸짖고 나서 "이 은혜로운 어진 사슴을 죽여서는 안 된다."라며 나라 안에 영을 내리고 놓아주었다.

그 뒤부터 많은 사슴들은 이 사슴이 있는 곳으로 모여와서 마음 놓고 살게 되었고, 온 나라 사람들도 모두 평화롭게 살았다고 한다. 그때 아홉 가지 털빛을 가진 사슴은 부처님이 지난 성상에 보살행을 닦을 때의 몸이고 사슴을 따르던 까마귀는 부처님을 오랫동안 모신 '아난다'란 제자이며 은혜를 저버린 사내는 한 평생 부처님을 괴롭히던 '데바닷다'였다고.

— 『불설구색록경(佛說九色鹿經)』에서

조용한
사람들

o

어느 달 밝은 보름밤의 일이었다. 포근한 달빛 아래서 사람들은 무어라 말할 수 없는 즐거움으로 가슴마다 부풀어 올랐다. 젊은이들은 마음 통하는 이를 찾아가 그리움을 나누었고, 늙은이는 그들대로 지나온 인생살이에서 겪은 잊을 수 없는 달밤의 기억들을 되새기며 새삼 젊어지려 했다. 그리하여 궁중에서도 임금이 많은 신하들과 함께 어떻게 했으면 이 밤을 보다 즐겁게 보낼 수 있을까 하고 의논하게 되었다.

신하들 가운데서 어떤 이는 이렇게 아름다운 달밤에는

노래를 부르면서 노는 것이 가장 즐거울 것이라고 했다.
또 어떤 신하는 달이 밝기 때문에 들길을 거닐면 마음이
상쾌할 것이라고도 했다. 그리고 또 다른 사람은 말하기
를 기왕 거닐 바에야 마을 곁 숲속에서 수행하고 있는 이
들을 찾아가 설교를 듣는 것이 가장 좋으리라고 했다.

이밖에도 여러 가지 의견이 나왔지만 그 가운데 한 사
람의 신하만은 처음부터 잠자코 말이 없었다.

"그대는 어째서 말이 없는가?" 하고 임금이 묻게 되었
다. 그러자 그 신하는 조용히 입을 열었다.

"지금 제가 가지고 있는 큰 동산에는 부처님이 와 계십

니다. 할 수 있다면 임금님께서 그곳에 가 주셨으면 하고 생각하느라고 잠자코 있었습니다.”

임금은 이 신하를 가장 신망하고 있었으므로 곧 그의 의견에 따르기로 하고 많은 신하들을 거느리고 그 동산으로 나서게 되었다. 동산이라고는 하지만 그곳에는 흐르는 내와 울창한 숲이 있는 꽤 큰 산이었다.

임금의 행차가 숲속으로 들어서자 달은 무성한 숲에 가려 보이지 않았다. 그리고 점점 깊숙이 들어갈수록 숲길은 어두웠고 주위는 죽은 듯이 고요했다.

이따금 숲을 스치고 지나가는 바람소리가 귀신의 숨소

리처럼 생각되리만큼 숲속은 고요하기만 했다.

"이렇게 음침한 곳에 부처님은 혼자서 계시는가?"

임금은 혹시 자기가 속아서 이곳에 오게 된 것은 아닌가 하고 마음에 언짢아하면서 퉁명스레 물었다. 그러나 그 신하의 대답은 전이나 다름없이 조용하였다.

"아닙니다 임금님, 숲속에는 부처님뿐이 아니고 천이백오십 인이나 되는 제자들도 함께 있답니다."

숲속에 천이백오십 인이나 있다면 사람들의 말소리가 조금이라도 들려야 할 텐데 숲은 여전히 가라앉은 듯이 고요하기만 했다.

"그럼 부처님은 어디에 계시는가? 천이백오십 인이나 있다는데 기침소리 하나 들리지 않는군."

임금은 이상히 생각하고 이렇게 물었다.

"임금님, 이제 바로 요 앞입니다."

과연 그 말과 같았다. 얼마 안가서 숲이 조금 훤히 트인 곳에 수많은 제자들이 부처님을 중심으로 조용히 앉아 있었다. 몸은 움찍도 하지 않고 한결같이 선정에 들어 있는 모양이 밝은 달빛에 비추고 있었다.

그 모습은 그지없이 엄숙하여 눈썹하나 까딱하는 이

도 없었다. 임금은 이와 같은 광경을 보고 놀라웠다. 그리하여 마음속으로 크게 감동한 나머지 부처님 앞에 조용히 나아가 무릎을 꿇고 사뢰었다.

"오오 부처님이시여! 저는 한 나라의 임금으로서 여러 가지 법을 만들어 백성을 다스리고 있습니다만 제가 지배하고 있는 사람들은, 아니 제 명령이라면 무슨 일이든지 복종하고 있는 군대라 할지라도 단 한순간만이라도 이와 같이 조용히 있게 할 수는 도저히 없습니다. 부처님께서는 어떻게 이토록 조용하게 할 수 있게 되었습니까?"

부처님은 조용히 대답하셨다.

"임금님은 사람의 근본을 이루고 있는 마음을 가라앉히려고는 하지 않고 사람들의 겉모양만을 다스리려고 합니다."

이 말을 듣고 난 임금님의 마음속에는 어느새 보름달처럼 조용하면서도 밝은 빛이 번지고 있었다. 부드러운 밤바람은 나뭇잎을 스치고 신하들도 임금님 곁에서 빙그레 미소를 띠고 있었다.

『비나야파승사(毘奈耶破僧事)』20

겁쟁이들

○

어느 강기슭에 울창한 야자나무 숲이 있었다. 그 숲에는 여섯 마리의 토끼가 사이좋게 지내고 있었다. 바람기도 없이 고요한 어느 밤 수풀 아래서 토끼들이 자고 있을 때 익을 대로 익은 야자열매가 제물에 겨워 강물에 떨어지면서 '풍덩!' 큰 소리를 내었다. 걸핏하면 놀라곤 하는 꼬마 토끼들은 그 소리에 깜짝 놀라 뛰어 달아났다. 길가에서 여우를 만났다. 여우는 토끼들의 질린 모양이 심상치 않아 물었다.

"얘, 꼬마들아. 무엇 때문에 그렇게 미친 듯이 뛰고 있니?"

토끼들은 돌아다보지도 않고 줄곧 뛰었다. 그중에 하나가 숨찬 소리로 말했다.

"아무 소리 마. 큰일 났어! 무서운 짐승이 쫓아온단다."

여우도 깜짝 놀라 "야, 큰일 났구나." 하고 뛰기 시작하였다. 멧돼지가 나와 "웬일이야 너희들은?" 하고 물었다. 토끼들과 여우는 뛰어가면서 소리쳤다.

"무서운 일이 생겼어. 무지무지한 짐승이 우리들을 잡으러 온대."

"무엇이니? 이거 큰일 났군!"

멧돼지도 한데 섞여 뛰었다. 이렇게 해서 사슴도 소도 코끼리도 늑대도 표범도 이리도 마지막엔 호랑이까지 모두 한데 어울려 뛰어 달아나고 있었다. 그런데 그렇게 머지않은 곳에 한 마리의 커다란 사자가 있었다. 사자는 달아나는 그들을 보고 어슬렁어슬렁 걸어 나와 물었다.

"너희들은 무얼 그리 서두르고들 있니?"

일행은 숨이 차 헐떡거리면서 말했다.

"아주 무시무시한 짐승이 우리들을 잡아먹으려고 한답니다. 사자님, 우리들을 구해주세요."

사자는 다시 물었다.

"무시무시한 짐승이라니 그것은 대체 어떻게 생긴 짐승이더냐?"

그러자 호랑이가 말했다.

"보진 않았지만 무서운 소리가 났다고 해."

사자가 침착하게 물었다.

"어떤 소리가 났는데?"

"거기까진 나도 몰라. 나는 표범한테 들었을 뿐이야."

사자가 다시 표범에게 물었다.

"나도 잘은 몰라. 이리한테서 들었어." 하고 표범은 대답했다. 이리는 늑대한테서 늑대는 코끼리한테서 코끼리는 소한테서 소는 사슴한테서 사슴은 멧돼지한테서 멧돼지는 여우한테서 여우는 토끼한테서 들었다고 했다. 사자는 꼬마 토끼들에게 물었다.

"꼬마들아, 너희들은 어떠한 소리를 들었니?"

여섯 마리의 토끼들은 아직도 벌벌 떨면서 한소리로 말했다.

"하늘이라도 내려앉는 듯한 무서운 소리였어요. 얼마나 무서웠던지 그 정체를 바라 볼 수 없었어요…"

사자는 토끼의 안내를 받아 토끼들이 있던 강기슭의 숲까지 가 보았지만 별다른 변화는 없었다.

"좀 더 천천히 살펴보자." 하고 사자는 비슷이 옆으로 기대고 쉬었다. 모두들 조용히 앉은 채 아직도 놀란 표정들을 하고 둘레를 흘끗흘끗 보고 있었다. 마침 그때 익은 '야자' 열매가 또 한 개 물속으로 '퐁덩!' 소리를 내면서 떨어졌다. 토끼들은 움찔하였다. 사자는 갸웃하며 머리를 들더니 말했다.

"그렇지! 틀림없이 물소리였겠지. 어때? 너희들은 잠결

에 갑자기 소리를 들었기 때문에 깜짝 놀란 게지? 너희들도 좀 더 차분히 알아보았더라면 아무것도 놀랄 만한 일은 없었을 거야."

"허참 겁쟁이 때문에 속았군……" 하면서 모두들 제각기 뿔뿔이 흩어져 갔다.

『근본설일체유부비나야(根本說一切有部毘奈耶)』 38

후기 —— 사람인 우리들도 이와 마찬가지로 있지도 않은 일에 겁을 내거나 기뻐하거나 하는 일이 많다. 잘 살펴보면 그와 같은 일에는 마음을 쓰지 않아도 좋을 것을. 생각해 보면 인생이란 영원히 있는 것은 아니다. 그것이 영원한 존재가 아니라는 것을 올바로 판단할 수 있다면 명예라든가 재산이라든가 죽음이나 모든 것은 시기하거나 겁내거나 할 필요가 없는 것이다. 바르게 사물을 보고 정확하게 판단하고 또한 그러기 위해서 수행하는 것이 불교에서는 가장 중요한 일이라고 경전에서는 말하고 있다.

04

저승의
선물

○

옛날 어떤 임금의 이야기이다. 그는 사람이 죽은 뒤에는 죽은 사람들만 있는 '밤의 나라'에 가서 그곳의 왕인 '야마'에게 여러 가지 재판을 받는다는 말을 언제부터인가 전해 듣고서 자기가 죽은 뒤에는 나라 안의 보배를 선물로 가지고 가겠다고 생각하였다.

그래서 갖은 방법으로 자기 나라에 있는 보물들을 모으려고 작정한 나머지 보물이라고 이름 붙은 것이면 무엇이나 닥치는 대로 사들였다. 그것들을 한데 모아 창고에 소중하게 간직해 두었다. 그런데 이 나라에는 어머니 혼자서 독자인 아들을 데리고 살아가는 여인이 있었다. 그 아들의 아버지는 일찍이 죽고 없었다. 아버지가 죽은 뒤부터는 살림살이가 점점 기울어져 그날그날을 어렵게 지내고 있었다.

인물이 잘나고 재주도 뛰어난 아들은 그 나라의 공주와 사랑하는 사이였다. 집안이 가난했기 때문에 사랑하는 공주에게 선물을 주고 싶어도 무엇 하나 줄 것이 없었다. 그 일을 슬피 여기고 근심한 나머지 아들은 마침내 병으로 앓아눕게까지 되었다. 어머니는 크게 걱정하고 어떻게 했으면 하나밖에 없는 외아들의 소원을 풀어줄 수 있을까 하고 궁리를 거듭했다.

"애야, 우리 집은 요 몇 해 사이에 가난뱅이가 되었지만 그래도 이것저것 내다 팔면 어떻게 안 될 것도 없을 게다. 그렇지만 요즈음 임금은 어떻게 된 셈인지 나라 안에 있는 보물이란 보물은 죄다 사들여 창고 속에 가득가득 쟁여놓고 있다. 더구나 그래서 누구에게 선물을 하고 싶어도 사 보낼만한 보물이 하나도 없다고 하니 이 일을 어떻게 했으면 좋겠니?"

그러자 어머니는 문득 무슨 수라도 떠오른 듯이 기쁜

기색을 하였다.

"옳지! 참 그렇구나! 얘야, 걱정 말아라. 우리에게도 보물이 있다. 너의 아버지가 돌아가실 때 저승의 야마왕께 바친다고 입에 금덩이를 하나 넣은 일이 있느니라. 그렇지. 그거면 될 게다. 어디 한 번 찾아 봐야겠다."

어머니는 아들을 걱정하던 끝에 죽은 남편의 무덤을 파기로 결심했다. 뼈만 흉하게 남은 무덤 속에서 마침내 금덩이를 얻을 수 있었다. 아들은 기뻐서 미칠 지경이었다. 그날로 그것을 공주에게 가지고 가서 오랜만에 가벼운 마음으로 그녀를 만날 수 있었다.

임금은 후원에서 공주와 같이 놀고 있는 젊은이와 금덩이를 보고 깜짝 놀랐다.

"이 나라 안에서는 이제 이와 같이 훌륭한 보물은 없을 텐데 이것은 어찌된 일인가?"

거기에서 젊은이는 임금의 물음에 사실대로 모두 말해 주었다. 임금은 젊은이의 말을 듣고 슬픔에 겨워 눈물을 흘리면서 혼자서 나직하게 말했다.

"그래 그랬던가! 단 한 개의 보물도 가지고 갈 수가 없었단 말이지? 그렇다면 내 창고 안에 가득 쌓인 보물인들 어떻게 가지고 갈 수가 있겠는가. 그렇지만 내가 죽을 때는 야마왕 앞에 무엇을 선물했으면 좋을까?"

그때 마침 임금 곁에는 어진 재상이 한 사람 있었다.

"상감마마, 이 세상에 있는 보물 중에서 무엇 하나 선물이 될 만한 것은 없습니다. 오직 착한 일을 하는 것보다 더 좋은 선물은 없다고 생각합니다. 만약 나쁜 짓을 하게 되면 야마왕은 무서운 얼굴로 꾸짖지만 착한 일을 하게 되면 저승의 왕은 부드러운 낯으로 칭찬해 주실 것입니다. 그러하오니 상감마마께서 마련하실 가장 큰 선물은 나라를 잘 다스리시고 수행자와 가엾은 사람이나 가난한 이에게 '보시'를 하는 일이 아닌가 하옵니다."

임금도 과연 그렇겠다고 고개를 끄덕거렸다.

『대장엄논경(大莊嚴論經)』에서

05

그림자

○

한 사나이가 커다란 못가에 멈추어 서서 한참동안 뚫어지게 못 속을 들여다보고 있었다. 그러다가 물속에 거꾸로 비춘 자기의 그림자에 눈이 가자 후다닥 놀라 양손을 번쩍 들고 "사람 살려!" 하고 외치면서 그곳에서 뛰쳐갔다.

황급하게 외치는 이 소리를 듣고 많은 사람들이 허겁지겁 모여들었다.

"어찌된 일이오? 무엇 때문에 그렇게 고함치는 것입니까?"

모인 사람마다 궁금해서 물었다.

그 사내는,

"여러분, 나는 지금 못 속에 거꾸로 떨어져 죽으려고 합니다."

이 말을 듣고 사람들은 놀라지 않을 수 없었다.

"엉뚱한 짓으로 놀라게 하지 말아요. 당신은 지금 못에 떨어진 것은 아니지 않소. 그렇게 멀쩡하게 서 있으면서."

그 사내는 사람들에게 또 외쳤다.

"당신들은 아무것도 모릅니다. 나를 따라 오시오. 내가 못에 빠져 죽어 있는 것을 보여드릴 테니까."

"뭐? 죽어 있는 것을 보여주겠다고? 좋소. 그럼 어디 보여주시오."

사람들은 그 사내의 뒤를 따라 갔다. 사내는 못가에 이르러 물속을 들여다 본 다음 여러 사람들에게 외쳤다.

"잘 보아요. 당신들은 내가 못 속에 빠져 죽어 있는 것을 볼 수 있을 것이니까."

사람들은 그 사내에게 말했다.

"당신은 정말 바보로군. 저것은 당신의 그림자요. 당신은 멀쩡하게 못가에 서있지 않소. 당신뿐 아니라 우리들의 그림자도 저렇게 모두 물속에 비추고 있지 않소?"

그러자 그 사내는 답답하다는 듯 소리쳤다.

"당신들이야말로 정말 바보요. 그렇지 않습니까? 이것
은 나 혼자만의 재난이 아니오. 당신들도 죄다 못 속에
빠져 있지 않습니까?"

그러더니 큰소리로 떠들면서 마을 쪽으로 달려가 만나
는 사람마다 그 사실을 알리면서 돌아다녔다.

"나와 또 많은 사람들이 지금 못 속에 빠져 죽으려고
합니다. 여러분들은 어서 달려가 구해주셔야 하겠습니
다."

　마을 사람들은 이상하게 생각하였다.

　"뭐라고요? 당신은 못 속에서 죽으려 하고 있지 않습니다. 당신은 그렇게 분명히 땅 위에 서 있지 않습니까?"

　사내는 화를 내며 말했다.

　"당신들은 어째서 그렇게 깜깜한 철통들뿐이오? 나와 같이 가서 진상을 똑똑히 보아주시오."

　마을 사람들은 서로 얼굴을 마주 보며 수군거렸다.

　"이건 아무래도 머리가 '레코드판'인 모양이군. 그렇지만 우리 어디 한번 이 사람 말대로 못가에 가서 그 진상이라는 것을 좀 보아줄까요?"

마을 사람들은 무슨 구경거리라도 보러가는 듯 가벼운 걸음으로 그 사내를 따라 못가로 갔다. 거기에는 벌써 많은 사람들이 못 기슭에 모여 이 사내의 바보짓을 비웃고 있었다. 마을 사람들은 그 사내를 보고 말했다.

"어느 누구도 못 속에 빠진 것은 아니지 않습니까? 당신은 조금 돈 것이 아닙니까?"

사내는 못 기슭에 서 있는 사람들을 흘겨보고 나서 물속에 거꾸로 비춘 그림자를 가리키며 마을 사람들에게 말했다.

"당신들도 정말 바보로군요. 보시오. 저렇게 물속에 빠져 있지 않습니까?"

"당신이야말로 갈 데 없는 바보요 바보! 그것은 그림자요. 참 몸뚱이가 아니란 말이오. 어째서 이런 걸 모르고 있을까?"

그러나 그 사나이는 끝까지 자기가 물속에 빠져 있다고 믿으면서 사람들의 말에 귀를 기울이려고 하지 않았다.

『대위덕다라니경(大威德陀羅尼經)』에서

장수왕

○

원한을 원한으로 갚으려 하면 원한은 그칠 새가 없다.

다만 원한을 버림으로써 그치나니 이 법은 영원히 변치 않으리라.

− 법구오게(法句五偈) −

1

—

옛날 중인도에 코살라라고 하는 큰 나라가 있었는데 그 나라 임금인 장수왕長壽王에게는 '장생長生'이라는 태자가 하나 있었다. 이 나라 임금은 대단히 자비스러워서 어진 정치를 베풀었기 때문에 백성들은 누구나 할 것 없이 어버이처럼 섬겼다. 이와는 반대로 이웃나라 카아시의 브라흐마닷타 왕은 아주 포악하고 그 위에 흉년이 거듭 들어 백성들의 살림살이는 말할 수 없이 가난했다. 인심은 흉흉하여 못살겠다는 백성들의 원성이 날로 높아갔다. 그러기 때문에 주변의 많은 나라는 어느 때고 코살라 나라를 눈앞의 밥으로 탐탐히 노리고 있었다.

그러던 어느 날 카아시의 브라흐마닷타 왕은 갑자기 군사를 일으켜 평화로운 코살라를 향해서 쳐들어가고 있었다. 이 소식을 들은 코살라 나라는 벌컥 뒤집혔다. 신하들은 놀라서 즉각 임금한테 출병하기를 간청했다. 그러나 장수왕은 허락하지 않았다.

"나는 전쟁을 하고 싶지 않다. 전쟁을 해서 아무 것도 모르는 착한 백성들을 죽이거나 재산을 불태우기보다는, 차라리 이대로 모든 것을 브라흐마닷타에게 내맡겨 버리는 편이 나으리라. 사랑하는 백성들을 아무렇게나 전쟁의 희생물로 만들고 싶지 않노라."

여러 신하들은 입을 모아 "상감마마, 반드시 이길 자신이 있습니다. 저희들을 부디 싸움터로 보내주십시오!" 하고 두 번 세 번 간청하였다. 그러나 임금님은 한결같이 대답할 뿐이었다.

"가령 우리나라가 싸움에서 이긴다 해도 저쪽이나 이쪽이 다 같이 수많은 사상자를 낼 것은 뻔한 일이 아니겠느냐. 목숨을 소중히 여기고 아끼기란 누구나 마찬가지 심정이리라. 자기 혼자만의 욕심을 채우려는 것은 어진이로서 취할 태도가 아니니라."

그러나 혈기에 찬 신하들은 임금의 간곡한 만류에도 듣지 않고 마침내 공격의 불을 뿜었다. 임금은 이 모양을 보고 개탄하고 이일저일 깊이 생각한 끝에 태자 '장생'을 불러 말했다.

"신하들은 내 말을 듣지도 않고 싸움터로 나가버렸다. 이제부터 우리는 함께 왕궁을 떠나 몸을 숨겨야겠다."

임금과 태자는 몸을 변장하고 산중 깊숙이 숨어버렸다. 임금님을 잃어버린 코살라 군사의 사기는 급히 꺾이어 하는 수 없이 브라흐마닷타의 지배 아래 들게 되었다. 그러나 그는 코살라를 지배하면서도 그 임금 '장수왕'을 죽여 버리지 않는 한 마음을 놓을 수가 없었다. 그리하여 나라 안에 포고령을 내리고 장수왕의 머리를 현상 걸어 찾도록 하였다.

2

—

산중으로 들어간 장수왕은 어느 날 한 사람의 바라문과 마주쳤다. 바라문은 그가 장수왕인 줄도 모르고 이렇게 물었다.

"나는 이 나라의 장수왕이 무엇이든지 보시를 잘한다는 소문을 들었습니다. 장수왕께서는 지금도 보시를 잘하는지 어떤지 그 실정을 좀 들려주실 수 있겠습니까?"

장수왕은 멀리서 자기를 찾아온 나그네를 가엾이 생각하고 "내가 바로 그 장수왕입니다. 지금은 다른 나라 왕에게 나라를 빼앗겨 버리고 이렇게 망명하고 있는 중이라서 드릴만한 것을 갖고 있지 못해서 죄송하군요. 어떻게 해서든지 당신에게 무엇이고 드리고 싶습니다만…" 하면서 한참을 생각하였다. 이윽고 결심하고 나서 바라문에게 말했다.

"이 나라의 새 임금은 내 머리에 많은 돈을 걸고 찾고 있답니다. 이 머리를 베어 가지고 가서 상금을 타십시오. 지금 내게는 이밖에는 아무것도 가진 것이 없으므로 이 머리를 보시하겠습니다."

이 말을 들은 바라문은 깜짝 놀랐다. 그러한 일은 할 수 없다고 거절하면서 돌아가려고 하였다. 장수왕은 바라문의 손을 붙잡으면서 거듭 말했다.

"사람이란 언제 죽을지 알 수 없는 것, 언젠가는 나의 목숨도 누구에게 붙잡혀 죽을 운명에 놓여 있습니다. 그러니 이 머리로 상금을 받아주십시오."

바라문은 장수왕의 간곡한 말을 듣고 흐느껴 울었다. 그렇지만 자기 손으로 머리를 벨 수는 없다고 생각하였다. 장수왕은 그의 심경을 알아채고 이렇게 말했다.

"그럼 어떻게든지 나를 묶어서 임금이 있는 곳으로 데리고만 가십시오."

바라문은 어쩔 수 없이 장수왕을 데리고 왕성으로 가서 새 임금에게 넘겨주었다. 그 대가로 많은 돈을 받았지만 마음은 결코 가벼울 수가 없었다.

장수왕이 붙들려 사형에 처하게 된다는 소문이 삽시간에 온 나라 안에 번졌다. 예전 신하들은 이제는 하는 수 없다고 단념할 수밖에 없었다. 마지막으로 장수왕에게 공양을 올릴 것과 시체를 자기들의 손으로 장사지낼 것을 새 임금에게 청해 간신히 허락을 얻었다.

한편, 산 속에 피신해 있던 태자 '장생'의 귀에도 이 소문이 전해졌다. 그는 나무꾼으로 변장하고 형장으로 달려가 군중 속에 끼어 아버지의 모습을 애끓는 마음으로 바라보았다. 아버지 장수왕은 멀리서 아들 장생의 마음을 살피고 누구에게 하는 것 같지 않게 혼자서 말했다.

"어버이의 가르침을 그대로 지키는 것은 자식 된 도리이니라. 나는 결코 누구에게 원한을 품고 죽는 것은 아니다. 즐거워하면서 죽어간다. 만약 나를 위해서 장차 복수하는 일이 있다면 비극은 언제까지고 되풀이될 것이니 부디 그러지 말아다오."

3

—

아버지가 죽은 뒤부터 장생은 번민의 나날을 보냈다. 아버지의 유언을 지켜야 할 것이냐, 아니면 아버지의 원수를 갚아야 할 것이냐? 이 두 갈래 길에서 장생은 괴로워하고 있었던 것이다. 그러나 아무래도 아버지의 원수 브라흐마닷타를 그대로 버려둘 수는 없었다. 태자는 우선 새 임금이 신망하는 신하의 집에 일꾼으로서 들어가

살기로 했다. 얼마 안 가서 일꾼에서 요리인으로 올라갔다. 어느 날 그가 만든 요리가 임금의 눈에 띄게 되어 그때부터 그는 임금님의 가까운 시종으로 채용되었다.

브라흐마닷타는 자기의 시종이 장생 태자인 줄은 차마 모르고 하루는 그에게 이런 말을 하였다.

"사실은 내게 한 사람의 적이 있다. 저 장수왕의 장생이란 녀석이 들리는 말에 의하면 어떻게 해서든지 나를 죽이겠다고 노리고 있다는구나. 너는 내 가까운 시종으로서 무술을 잘 익혀 두어 만일의 경우에 대비하도록 하여라."

이날부터 젊은 시종 장생에 대한 임금의 신망은 날로 두터워 갔다. 가을이 짙어가는 어느 날 임금은 여러 신하와 시종들을 거느리고 사냥을 나가게 되었다. 장생도 함께 가게된 것은 말할 것도 없다.

그는 더할 나위 없는 기회를 마련하기 위해 임금과 단둘이만 있도록 꾀했다. 장생은 일부러 길을 잘못 들어 산골 깊숙이 들어가고 있었다. 임금은 얼마 안되어 피로한 몸을 쉬자고 했다. 그리하여 마침내는 장생의 무릎을 베고 옅은 잠에 들게 되었다.

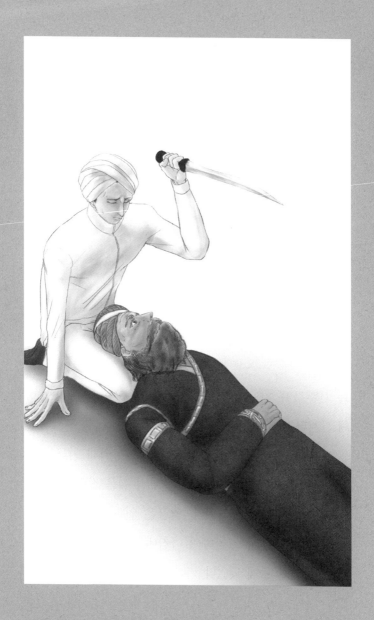

장생은 이 순간을 잊지 않았다. 지나간 몇 해를 두고 이러한 때가 오기를 얼마나 고대했던가! 지금이야말로 아버지의 원수를 갚을 때라고 칼에 손을 댔다. 이때 번쩍 아버지의 유언이 번갯불처럼 그의 머리를 스쳤다. "아!" 하고 생각한 순간 그는 뜻밖에 빼들었던 칼을 떨어뜨리고 말았다. 브라흐마닷타는 그때 마침 잠에서 선뜻 깨어나 혼잣말처럼 중얼거렸다.

"꿈속에서 장생이 나를 죽이려 왔더구나."

그리고는 이내 깊은 잠에 떨어져 버렸다.

'이번에만은' 하고 장생은 다시 칼을 빼어 들었다. 그런데 이상하게도 아버지의 마지막 그 목소리가 다시 들려오는 것이었다.

"…만약 나를 위해서 장차 복수하는 일이 있다면 비극은 언제까지고 되풀이될 것이니 부디 그러지 말아다오…"

그렇지만 장생은 두 번 세 번 같은 일을 되풀이하였다. 그때마다 임금도 또한 무서운 꿈에 쫓겨 깨어나곤 했다. 장생은 마침내 칼을 던져버리고 임금 앞에 꿇어 앉아 지금까지 지나온 일들을 죄다 말해버렸다.

"상감마마, 제가 바로 장생입니다. 저의 아버지는 상감에게 처형되었지만, 원한을 품거나 복수해서는 안 된다고 말씀하셨습니다. 저는 어떻게든지 상감의 목숨을 빼앗으려고 하였으나, 그때마다 아버지의 유언이 생각나서 어떻게 할 수가 없었습니다. 어서 저를 죽여 주십시요.”

이 말을 듣고 브라흐마닷타는 비로소 오랜 잠에서 깨어나 뉘우치게 되었다. 장생을 끌어안고 감개의 눈물을 뿌렸다. 어떤 영문인지도 알 수 없이 이 광경을 보고 모여든 신하들을 향해서 임금은 “이 젊은이는 다름 아닌 장생, 그 사람이다. 오늘부터 나하고는 형제가 되었노라. 나는 다시 예전의 카아시로 돌아가고 이 코살라는 장생에게 돌려주노라.”고 선언하고 지금까지의 일을 낱낱이 들려주었다.

깊숙한 산골에서는 곱게 물든 잎이 한 잎 두 잎 시나브로 지고 있었다.

여기에 나온 장수왕은 부처님의 전신이고 장생 태자는 아난존자이며 브라흐마닷타는 부처님을 괴롭히던 데바닷타였다.

『장수왕경(長壽王經)』에서

봄길에서

○

봄. 그러니까 하늘과 땅은 그 무거운 핫옷을 벗고 있었
다. 산은 움터오는 새싹으로 온몸이 가려워 아른아른 아
지랑이를 피우면서 이따금 재채기를 하였다. 새들은 맑
은 목청으로 새싹들을 간질이고 시냇물은 가슴을 풀어
헤친 채 새 노래를 받았다. 허공을 지나는 구름도 물이
오른 나무 가지의 눈매에 이끌려 가지 끝에서 서성거리
고 있었다.

깊은 산골짜기에 있는 산울림 영감도 이런 날은 바위
에 나와 앉아 이라도 잡을 듯한 그렇게 따스한 봄날. 양

지바른 산자락에는 저마다 화려한 매무새를 하고 한 무리의 산 짐승들이 파란 새싹 위를 뒹굴면서 한가롭게 놀고 있었다. 까마귀와 사슴과 비둘기와 뱀과…

그때 아침 산골 깊숙한 곳에 토굴을 모으고 도를 닦고 있던 도사 한 사람이 거기를 지나게 되었다. 산짐승들은 그 도사를 보자 반기면서 쉬어가시라고 입을 모았다. 도사도 평화롭게 놀고 있는 모양이 하도 오붓해서 그들 곁에 앉으면서 이렇게 말했다.

"너희들은 정말 오순도순 의좋게도 지내고 있구나."

"그럼요. 이런 재미로나 살지요. 그런데 스님은 혼자서 무슨 재미로 산에서 살아요?"

"무슨 재미로 사느냐고? 글쎄 나는 산이 좋아 산에서 사나보다. 허허…"

"아이참 스님도." 하며 비둘기는 고운 눈으로 가볍게 흘겼다. 도사는 그들을 조용히 바라보면서 물었다.

"보기에 이렇게 행복한 너희들에게도 괴로움 같은 것이 있니?"

그들은 하나같이 입을 모아 대답했다. 까만 스웨터를 입은 까마귀는 성큼성큼 도사 곁으로 다가서면서 이렇게 말했다.

"스님, 무어니 무어니 해도 먹을 게 없는 것이 가장 괴롭더군요. 쫄쫄 굶었다고 생각해 보세요. 사지는 맥이 빠져 나른해지고 머리는 핑핑 돌며 마지막엔 말할 기력조차 잃어버리지 않아요? 저는 남들이 넉넉해야 마음이 놓여요. 먹을 게 없는 것처럼 괴로운 일이 또 어디 있을까요?"

이 말을 듣고 있던 사슴은 맑은 눈으로 먼 하늘가를 바라보면서 나직하게 말했다.

"저 애는 먹을 것밖에 모르나봐. 그런 것은 찾아다니면 얻을 수도 있지 않아? 하지만 난 무서운 것처럼 싫은 것은 없더라. 저쪽에서 오고 있는 사냥꾼의 눈에라도 띄어봐. 그때의 무서움이란 말로는 다 할 수 없어. 붙들리지 않으려고 이내 다리로 죽자살자 이리 뛰고 저리 뛰지만 어디서 몰이꾼이 나타날지를 몰라 간신히 피했다고 생각할 사이도 없이 이번에는 불쑥 총을 겨눈 포수가 앞을 막아서면 나는 그만 빳빳하게 서 버릴 수밖에 없어. 너는 먹을 게 없는 것이 가장 괴롭다고 하지만 그래도 그것을 찾을 때는 기쁨도 있을 거야. 도망칠 때의 마음이란⋯.

아, 생각만이라도 괴로워 괴로워!"

사슴은 지금 당장에 쫓기기라도 하는 듯이 새파랗게 질려 오들오들 떨기까지 했다. 이때 비둘기는 따스하게 쪼이는 봄볕 아래서 열심히 매니큐어를 바르고 나서 빨갛게 윤기 나는 자기의 손톱을 취한 듯이 내려다보고 있다가 "나는 그렇지 않아." 하고 불쑥 말을 꺼냈다.

"먹을 것은 배고프지 않을 만큼 얻으면 되고, 사냥꾼들이 오더라도 내게는 날 수 있는 날개가 있기 때문에 아무렇지도 않아."

비둘기는 도사의 얼굴을 말끄러미 쳐다보면서 말을 이었다.

"하지만 스님, 제가 가장 괴롭다고 생각되는 것은 욕심을 억누르는 일일 것 같애요. 한 번 가지고 싶다거나 아깝다는 생각이 들기 시작하면 그대로 배겨 낼 수가 없기 때문이에요. 온몸은 불타오르고 가슴은 미어지는 듯 괴로워요. 저는 무엇보다도 이 욕심이란 놈이 세상에서 제일 괴로운 일이라고 생각해요. 스님, 그렇지 않으세요?" 하며 말괄량이 비둘기는 도사에게 응원이라도 청하듯 눈짓을 보냈다.

도사는 아무 말도 없이 그저 빙그레 웃고만 있었다. 봄의 꽃들이 무색하리만큼 화사한 옷차림에 입술연지까지 바른 뱀 아가씨는 가벼운 애교까지 부리면서 이렇게 말했다.

"아이참, 너희들은 별일도 아닌 것들을 가지고 수선들이구나. 먹을 것쯤이야 찾기만 하면 얼마든지 있는 것, 또 적에게 쫓길 두려움이 전혀 없는 것은 아니지만 별로 잡아먹힐 것까지야 없지 않겠니? 그리고 욕심이 괴로운 것이라곤 생각지 않아." 하고 목소리를 가다듬으면서 말을 이었다.

"그런데 나는 말이야. 성이 나는 것이 가장 괴로워. 울컥 화가 치밀어 '이걸 그냥!' 하는 생각이 들면 나는 괴로워 죽을 지경이야. 머리를 곤두세우고 눈알을 반짝이면서 달려가는 걸 남이 보면 혹시 신나게 여길지 모르지만 그럴 때면 이 차가운 심장에도 불꽃이 일어 견딜 수가 없어. 성내지 말자. 성내서는 안 된다고 항상 속으로 다짐하지만 그건 내 천성인 모양인지 걸핏하면 화가 치미는 걸 어떡하니? 그래서 난 이 성내는 것이 가장 괴로워."

도사는 이제까지 잠자코 그들의 말을 듣고만 있다가 마

지막으로 입을 열었다.

"누구나 곁에서 보기엔 아무렇지도 않은 행복한 얼굴들이지만 그 속을 들여다보면 다들 자기 나름의 괴로움이 있는 법이란다. 사슴의 괴로움이 비둘기에게는 아무렇지도 않은 일 같지만 그 대신 비둘기는 사슴이 모르는 괴로움이 있거든. 그리고 또 까마귀나 사슴이나 비둘기의 괴로움 같은 것을 아무렇지도 않게 여기는 뱀에게도 자기대로의 괴로움이 있으니 말이다."

도사는 조용히 듣고 있는 그들을 돌아보고 다시 말을 이었다.

"그러니 이 세상은 어디를 가나 괴로움이 있기 마련이란다. 물론 이 세상 끝까지 가더라도 이러한 사실이 절실해진다면 그런 괴로움이 없는 세상이란 어디 있는가를 찾게 될 거야. 모든 것은 괴로움의 세상에서 허덕이고 있다. 나만이 아니라 남들도 함께 이 말에 거짓이 없는 줄을 절실히 알게 되면 너희들도 어쩔 수 없이 불도 수행의 첫 길을 내딛게 될 거란 말이다."

산에게도 무슨 괴로움이 있을까? 저렇게 온몸에 아지랑이를 피우면서 이따금 재채기 소리가 쩌렁쩌렁 골 안을 울리는 걸 보면.

『승가나찰경(僧伽羅刹經)』에서

봄 안개
같은

○

물론 먼 옛날의 이야기다. 나라가 태평하고 백성들이 평안한 고장이면 으레 그렇듯이 그 나라에도 은혜로운 임금이 살고 있었다. 산골짜기에서는 진달래가 붉게 가슴을 태우고 있을 어느 봄날, 임금은 다음과 같이 포근한 목소리로 담화를 발표했다.

"사랑하는 우리 형제들이시여! 저는 새봄을 맞이하여 우리 형제들에게 무엇인가를 베풀고 싶어졌습니다. 누구든지 저의 집에 오셔서 보물을 한 움큼씩 가져가시기를 즐거운 마음으로 기다리겠습니다."

궁전에는 보물이 산더미처럼 쌓여 있어, 저마다 가벼운 기대를 가지고 새로운 임자들을 기다리고 있었다. 수많은 사람들이 날마다 뒤를 이어 와서, 요즈음 우리네 풍속과는 달리 공것이지만 질서정연하게 한 움큼씩의 보물을 가지고 즐겁게 돌아가곤 하였다. 그런데 며칠이 지나도 그 보물은 조금도 줄어드는 것 같지가 않았다. 그처럼 보물은 많았던 모양이다.

그때 한 사람의 젊은 수행자가 이 임금의 나라로 들어왔다. 임금은 이 수행자가 먼 나라로부터 와준 것을 기쁘게 여겨 몸소 맞아들였다.

"무엇인가 바람이 있어 멀리서 오시게 되었을 텐데, 어서 사양마시고 말씀해 주십시오."

"네, 저는 임금님께서 널리 보시를 하신다는 소문을 듣고 먼 나라에서 이렇게 찾아 왔습니다. 실상 저는 이제까지 제 집이라는 걸 가져 본 적이 없습니다. 그래서 보시를 얻게 되면 살 집을 하나 마련할까 합니다만…."

임금은 수행자의 말을 듣고 보물이 있는 곳으로 그를 안내하여 손수 한 움큼을 가져가라고 하였다. 그는 산더미처럼 쌓인 보물 중에서 한 움큼 가득 쥐고서 임금에게 고마운

하직 인사를 하였다. 그런데 몇 걸음 가더니 무엇을 생각했음인지 그는 다시 되돌아와 그 보물을 조금 전에 있던 자리에다 놓는 것이었다.

임금은 이상하게 여기면서 물었다.

"어째서 가지고 가지 않습니까?"

"임금님, 이 보물을 가지고는 오막살이집 한 채밖에 지을 수가 없습니다. 혹시 결혼해서 아내라도 맞이하게 된다면 집안이 좁아서 살기에 불편할 것 같으므로 그만 돌려드리는 것입니다."

"오 그러시겠습니다! 그러면 세 움큼만 가져가십시오. 이제는 아내도 맞아들일 수 있을 테니까요."

수행자는 세 움큼의 보물을 가지고 가더니, 이내 또 다시 되돌아왔다. 그리고 조금 전처럼 보물이 쌓여 있는 곳에다 놓는 것이다.

"어찌된 일입니까? 또 되돌아오시니?"

"이것을 가지고 아내를 얻을 수는 있습니다만, 먹고 살 논밭도 없고 일꾼을 부리거나 가축을 기를 수가 없습니다. 그런 것을 갖추려면 아무래도 모자랄 것 같아서 되돌려 드리기로 했습니다."

"그런 형편이라면 한 일곱 움큼쯤 가지고 가시면 되겠습니까?"

수행자는 이번에는 일곱 움큼의 보물을 가지고 떠났다. 그런데 이윽고 다시 되돌아와 아까처럼 가지고 갔던 보물을 제자리에 쏟아 놓았다.

"아니 어떻게 된 일입니까? 그래도 모자랍니까?"

수행자는 이렇게 말하였다.

"임금님, 덕분에 아내도 맞아들일 수 있고, 논밭을 가지고 일꾼도 데려올 수가 있지만, 어린애가 생기고 누가 죽거나 혹은 병을 앓게 된다면 아무런 준비도 없습니다. 차라리 아무것도 갖지 않은 편이 좋을 것 같아서 되돌려 드리는 것입니다."

임금은 그 말을 듣고 한참 생각하더니 고개를 끄덕이면서 이렇게 말했다.

"여기 쌓여 있는 보물을 죄다 가져가십시오. 그렇다면 이제는 조금도 모자라지 않을 것입니다. 자 어서요."

그런데 이 젊은 수행자는 임금이 자기에게 주겠다고 승낙한 보물들을 죄다 가지고 갈 줄 알았더니, 웬걸 그대로 둔 채 물러가려고 하는 것이 아닌가. 임금은 깜짝 놀라 그를 불러 세웠다.

"이보십시오. 도대체 어떻게 된 영문입니까? 이제 보물은 소용이 없습니까?"

젊은 수행자는 빙그레 미소를 지으며 임금의 얼굴을 물끄러미 바라보는 것이다. 그 얼굴은 임금이 이제까지 보아온 그 누구의 얼굴보다도 밝게 환히 빛나고 있었다.

"임금님, 저는 임금님께서 베풀어 주신 그 많은 재물로써 제 생활의 바탕을 얻으려고 했습니다. 그러나 곰곰이 생각해 보니 사람이 산다는 것은 얼마 되지 않는 동안입니다. 그리고 모든 것은 영원히 존속하는 것이 아니라 아침에는 저녁에 일어날 일조차 알 수가 없습니다. 이런데도 그 많은 재물을 얻게 되면 얻은 그만큼 여러 가지 성가신 일들이 생길 것입니다. 욕망이란 휴일이 없다고 하지 않습니까? 그래서 전에 없던 괴로움이 닥쳐올 것 같습니다. 설사 보물이 산더미처럼 쌓여 있다 하더라도 결

국은 아무런 소용도 없게 됩니다. 욕심을 부려 자신에게 괴로움을 더하기보다는 좀 아쉽더라도 마음을 조용히 갖는 편이 훨씬 행복하리라는 생각이 들어, 모처럼 제게 주신 보물들을 되돌려 드리게 된 것입니다."

임금은 이 말에 크게 울림을 받아 그전보다 어진 정치를 하게 되었다. 물론 해마다 오곡이 풍성하게 무르익고 백성들은 태평성세를 노래하며, 문을 걸어 닫는 풍속이 철거된 지는 이미 오래 되었다. 이웃 간에 오순도순 다사로운 인정을 나누며, 사람이 살아가는 세상답게 살아갔다.

영 너머에서는 봄 안개 같은 뻐꾸기 울음이 들릴 것도 같은데.

『법구비유경(法句譬喻經)』에서

모래성

○

바닷가. 수평선이 멀리 바다 끝을 가리고 흘러 다니다
가 피곤해서인지 섬들은 듬성듬성 졸고 있었다. 갈매기
는 다음날 항구의 갠 날씨를 노래하고 한 무리의 귀여운
아이들이 놀고 있었다. 잔물결이 모래알을 간질이고 있는
그러한 바닷가에서 무심히 이상李箱의 그 고독한 '아이들'
처럼 꼬마들은 조약돌과 모래를 한데 모아 성을 쌓거나
집을 짓고 있었다.

그들은 노래하듯 "이것은 내 성이야." "이건 우리 집이
고." 이렇게 흥얼거리며 저마다 자기 것을 지키면서 남의

것에는 손을 대지 않았다. 그런데 그중 한 꼬마가 어떻게 뒷걸음을 치다가 그만 곁에 있는 아이의 성에 부딪쳐, 그 모래성을 허물게 되었다.

이때 허물린 성주는 크게 골을 내어, 자기 성을 무너뜨린 꼬마를 붙들고 씨근씨근 마구 두들기는 것이었다. 그리고 나서 눈물을 글썽거리며 큰 소리로 외쳤다.

"이 애가 내 성을 허물었다. 애들아, 모두 와서 이 애를 혼 좀 내줘!"

꼬마들은 일제히 손을 털고 모여 들었다. 그리고 한데 어울려 고사리 같은 손으로 그 애를 치고받고 한바탕 소란을 떨었다.

"남의 성을 허물어버리는 놈은 나쁜 놈이야. 그 성을 그 전처럼 고쳐 놓아야 해. 그리고 이 다음부터는 남의 성이나 집을 허무는 자는 모두 이렇게 벌을 주기로 하자. 그래서 우리들의 신성한 성과 집을 지키기로 해."

이 말끝에 꼬마들은 "그래그래…" 하며 바닷가가 떠나갈 듯 환성을 울렸다. 꼬마들은 다시 뿔뿔이 흩어져 조금 전처럼 저마다 모래로 성을 쌓으면서 즐겁게 놀고 있었다.

꼬마들은 남을 혹시나 다치게 할까 주의를 게을리 하지 않으면서 자기가 지은 성이나 집을 자기 것이라 해서 소중히 다듬고 있었다. 눈부시던 하루해가 점점 그 빛을 거두더니, 마침내 고운 노을을 남긴 채 수평선 너머로 가라앉고 말았다. 어스름한 밤의 장막이 모래벌에 번지기 시작하자, 꼬마들의 마음은 더 이상 자기네의 성에 머무르려 하지 않았다.

엄마와 아빠의 곁으로 돌아가고 싶어졌다. 꼬마들은

손을 털고 일어섰다. 조금 전까지도 서슬이 퍼렇게 지키던 그 성들은 이제 조그만 발에 스쳐 하나둘 무너져 갔다. 꼬마들은 자기들이 쌓은 모래성을 돌아보려고도 하지 않았다. 모래벌판 희미한 노을 속에 쓸쓸히 남겨둔 채 문간에 나와 기다리고 있을 엄마와 아빠의 얼굴을 저마다 그리면서 집으로 돌아가고 있었다.

어른들의 차지인 명예나 재산이 이 어린이들이 쌓은 모래성과 견주어 무엇이 다르랴. 인생의 황혼이 내리면 그것은 다 부질없는 것. 그래서 우리들은 밤이 오면 저마다 어버이의 품을 찾는 어린 꼬마. 찾아갈 다사로운 품(의지할 곳)을 갖지 못할 때, 우리는 그를 일러 고아라 한다. 인생의 고아! 그리고 실향사민失鄕私民이라고도 한다.

『수행도지경(修行道地經)』에서

연둣빛
미소

○

"엄마!"

"아가!"

아이와 어머니는 얼싸안은 채 목이 메어 말을 잇지 못했다. 어머니는 한참만에야 눈물을 거두고 아이에게 물었다.

"그래 어딜 갔다가 이렇게 왔니?"

아이는 주먹으로 눈물을 닦으면서 "영영 엄마를 못 볼 줄 알았어…." 모자의 가슴에는 다시 기쁨과 슬픔의 멍울이 맺었다.

"네가 붙잡혀간 뒤부터 나는 먹는 것도 자는 것도 다 잊고 슬픔으로 나날을 보내고 있었다. 우리 아이가 다시는 내 곁에 못 돌아올 걸 생각하니 미칠 것만 같더라. 하지만 행여나 하는 마음에 오늘도 문 밖에서 이렇게 기다리고 있었단다."

"엄마, 이젠 그만 울어. 내 다 이야기 할게…."

'아기 자라'는 '엄마 자라'한테 그동안에 겪은 일들을 차근차근 이야기했다.

"그러니까 엄마가 그날은 꿈자리가 사납다고 밖에 나가 놀지 말라고 하셨는데, 이웃집 아이들이랑 재미있는 놀이를 하느라고 행길까지 나가게 됐어. 한참 땅 뺏기를 하면서 정신없이 노는데, 험상스럽게 생긴 것이 우리들을 덥석 붙들지 않겠어요?"

아기 자라는 부르르 몸을 떨고 나서 말을 이었다.

"그때 큰 소리로 엄마를 부르면서 발버둥을 쳤지만 그럴수록 꼼짝도 못하게 했어. 뒤로 알아보니 험상스런 그것이 뭍에서 산다는 사람이래요. 사람. 붙들려간 그날은 그 험상스런 사람의 집에서 잤어요. 물론 아무것도 먹지 못한 채로요. 그 다음날, 우리들을 깜깜한 궤짝에 넣더니 시장이란 데로 메고 가지 않겠어요. 엄마, 지금 내 말 들어?"

　"응, 들고말고…."

　"그럼 왜 눈을 감고 있어?"

　"아가, 그래도 다 듣는다."

　엄마 자라는 돌아앉아 치맛자락으로 눈물을 훔쳤다.

　"엄마, 시장이란 곳이 무엇 하는 곳인 줄 알아?"

　"내가 어떻게 알겠니? 한 번도 가보지 않은 데를."

"거기선 말이야. 사람들이 많이 모여 물건을 사고팔아요. 그러니까 우리가 간 곳도 그런 시장 중 하나예요. 동대문시장이라 하는 곳으로 데리고 가더니 돈이라는 종이쪽지를 몇 장 받고 팔아 버렸어요. 답답하던 궤짝 속에서 나와 물이 있는 그릇에 담기니 우선 살 것 같았어요. 그런데 거기에는 우리보다 먼저 온 아이들이랑 어른들도 여럿이 있었어요. 혹시 우리 아빠도 계시는지 샅샅이 살펴보았지만 아빠는 종내 눈에 띄지 않아. 아마 진즉 팔려갔나 봐요. 한 번 가면 다시 돌아올 수 없다는 곳으로…."

"그때가 봄이니까 벌써 돌아가셨겠지…."

아기 자라는 엄마의 눈매를 보고 슬슬 말머리를 돌렸다.

"얼핏 밖을 내다보니 우리를 팔아버린 그 사람의 뒷모습이 고무신 가게 앞에 서 있었어요. 그러니까 그날 아침 맨발로 나루터까지 따라 나오면서, 오늘은 꼭 신을 한 켤레 사달라고 신신당부하던 그집 꼬마의 모습이 떠오르더군요."

아기 자라는 목이 마르다고 물을 벌컥벌컥 마시고 나더니 다시 말을 이었다.

"엄마, 그 시장이란 곳에는 사람들이 참 많기도 해. 왜 또 그리 떠들기를 좋아하는지. 바람이 부는 날 우리 집 울타리에 부딪치는 파도 소리는 거기 대면 차라리 조용한 노래일거야. 함께 잡혀간 동무 중에서 몇 아이는 그날 해가 설핏할 무렵에 어떤 아줌마에게 팔려갔어요. 정말 그때 까딱했으면 나도 함께 갈 뻔 했는데… 숨을 죽이고 가만히 엎드려 있었더니 붙들리지 않았어. 그때 나보다 먼저 와 있던 아이가 나더러 운수가 좋았대요. 왜냐고 물었더니 팔려간 애들은 당장 머리를 잘려 피를 빨린대요. 아이한테 그 말을 듣고 나니 어찌나 무서운지 꼼짝을 할 수가 없었어요. 사람이란 것들은 자기네 몸을 보하기 위해서라면 우리 목숨을 아무렇지도 않게 생각하나봐."

"그렇단다. 그 뿐인 줄 아니? 남의 물건을 곧잘 훔치기도 하고, 수가 틀리면 자기들끼리 서로 치고받고 하다가 죽이기도 한대. 그러기 때문에 도마 위에서 제발 살려달라고 슬피 애원하는 우리 목소리를 그들은 들을 줄도 모르나 보더라."

이런 말을 주고받는 엄마와 아기 자라의 눈망울에는 안개 같은 슬픔이 서려 있었다.

"그런데 엄마!"

아기 자라는 엄마의 손목을 덥석 잡으면서 한걸음 다가왔다.

"엄마 바로 오늘 아침이었어요. 이상한 옷차림을 한 사람이 우리 앞에 나타난 것이. 하도 신기해서 다른 애들과 같이 머리를 들고 바라보지 않았겠어요? 우리를 파는 어물장수의 말을 들으니 그 사람은 산에서 공부하는 스님이라더군요. 그 곁에는 양동이를 든 아줌마가 한 분 있었는데 부처님의 가르침이 좋아서 못 견디겠다는 보살님이래요. 우리를 보더니 시끄럽게 흥정도 하지 않고 달라는 대로 값을 치른 뒤 가지고 온 양동이에 우리들을 옮기더라고요. 그리고 우리 곁에 있던 미루나무골 미꾸라지들을 우리 수보다 훨씬 많이 사서 같은 그릇에 넣어 주었어요. 이제는 나도 죽게 되는구나 싶으니 앞이 캄캄해졌어요. 그런데 엄마 저 우물집 심술꾸러기 있지 않아요? 그가 뱃심도 좋게 거기가 어디라고 미꾸라지를 한 마리 물어버렸어요. 그걸 보더니 스님은 '허 방생하려다가 살생하겠군' 하고는 우리들을 양동이에서 건져 종이봉투 속에 넣어 버리더라고요. 우리는 이때 '방생'이라는 말에 귀가 번쩍 뜨여 답답한 줄도 모르고 이게 꿈이 아닌가 싶었어요. 언젠가 엄마가 해준 옛날이야기에서, 부처님 법에는 산목숨을 죽이지 않는다는 말뿐만 아니라 죽게 된 것을 놓아준다는 말을 들었기 때문에요. 그래서 저분들이 그 부처님의 법을 믿고 행하는 분들인가 보다 하고 우리는 그이들을 따라 한남동이라는 한강 가에 이르렀어요. 엄마, 강물을 보니 눈물이 핑 돌았어. 마치 엄마의 정다운 얼굴이라도 본 것처럼요."

엄마 자라도 눈을 껌뻑거렸다.

"아가, 그래서 어떻게 됐니?"

"그런데 그대로 놓아줄 줄로만 알았더니, 이런 말을 들려주지 않겠어요? 우리 가슴에 와 닿도록 나직한 음성으로…."

"나직한 음성이라니?"

"엄마 잘 들어. 들은 대로 일러드릴게. 그분들은 가지고 온 향을 사르면서 이렇게 말했어. '어린 중생들아, 이제 놓여 난 뒤에는 다시 악마에게 먹히거나 그물에 걸리지 말고 마음 놓고 오래오래 자유롭게 살다가 목숨이 다한 뒤에는 삼보의 힘과 보승여래의 자비한 원력에 힘입어 저 도리천에 나거나 인간계에 나기도 하면서 계율을 지키

고 행을 닦아 나쁜 짓을 하지 말고 지극한 마음으로 염불하여 소원대로 좋은 세상에 태어나거라…' 이 말을 듣고 우린 다 울었어요. 저 우물집 심술꾸러기까지도 흑흑 흐느껴 울었어요. 이밖에도 좋은 말을 많이 들려주었는데…"

"아이 고마우신 분들!"

엄마 자라는 손을 모으고 먼 하늘가를 바라보았다. 아기 자라는 이런 말을 덧붙였다.

"그분들은 〈식물성왕국〉의 주민이래요. 오늘은 그 보살님 집 아이의 생일날이라나요. 그래서 이날을 보람 있게 맞이하라고 우리들을 사서 놓아 주었대요. 이런 일은 가끔 있는데, 그 식물성왕국의 연둣빛 미소라데요…"

"이 은혜를 어떻게 갚을까? 세세생생을 두고 갚아도 이 은혜만은 다 갚지 못할 것 같구나."

"그럼요. 생명의 은인들인 걸요. 그대로 급히 돌아오다가 생각하니 하도 기뻐서 고맙다는 인사도 못 드리고 또 그분들의 맑은 눈매를 한 번 더 보고 싶어 물위에 떠올라 고개를 들었더니, 손을 흔들며 '잘 가라 꼬마야!' 하고 환한 웃음들을 보내주었어요."

"아가!"

"엄마!"

아기 자라와 엄마 자라는 꼬옥 안은 채 더 말을 잊지 못했다.

• 후기   비록 겉모양은 물고기나 짐승들이 우리들과 서로 다르지만, 모든 생물의 근원인 그 생명에 있어서는 조금도 다를 수가 없다. 아기 자라와 어미 자라의 눈물겨운 정리定離가 우리의 그것과 무엇이 다르랴! 그런데도 우리는 나를 살찌게 하기 위해서 단 하나뿐인 남의 소중한 목숨을 빼앗고 있으니, 이러고도 만물 가운데 영장이라고 할 수 있을까?

우리들의 식탁이 기름질 때, 그것은 곧 도마 위에서 원통하게 죽은 고기들에 의해서 된 것임을 안다면, 부모와 형제 자녀 그리고 이웃을 가진 사람으로서 어떻게 감히 목에 넘길 수 있겠는가!!

어떤
도둑

○

옛날 한 마을에 예쁜 소녀가 살고 있었다. 얼굴뿐만 아니라 마음씨도 고와서 이웃 마을에까지 소녀에 대한 칭찬이 자자했다. 심술꾸러기 아이들은 걸핏하면 소녀의 본을 받으라고 엄마한테 꾸중 들었을 것은 어느 고장에서나 있을 법한 일.

어느 날 밤. 이 마을에 산적 떼가 들어와 마을 집들을 죄다 털려고 하였다. 도둑들은 맨 먼저 이 소녀네 집에 몰려들었다. 도둑의 우두머리는 그때 마침 목이 말랐으므로 거친 소리로 소녀에게 고함을 쳤다.

"야, 이 계집애야, 물 좀 떠와!"

소녀는 방긋이 웃으면서 "잠깐만 기다리세요." 이렇게 공손히 대답했다.

소녀는 바삐 등잔에 불을 켜고, 물을 컵에 따르면서 말끄러미 컵 안에 든 물을 보고 있었다. 도둑은 씨근거리면서도 또 고함을 쳤다.

"무얼 꾸물거리고 있어!"

"물을 보고 있어요."

한결같이 공손한 소리다.

"물을 봐선 무엇하게?"

도둑은 퉁명스럽게 내뱉었다. 그러자 소녀는 "이 물속에 먼지나 벌레 같은 것이 들어서는 안되기 때문에요."라고 조용히 말했다. 도둑의 우두머리는 움찔 놀라면서 한결 가라앉은 소리로 "얘, 우리들은 산적이다. 너희 마을을 털려고 온 산적이란 말이야. 그런 것에 어째서 마음을 쓰지?"

소녀는 여전히 침착한 음성으로 대답했다.

"당신들은 남의 재산을 터는 것쯤은 아무렇지도 않게 생각하겠지요. 피땀 흘려 모아 놓은 귀중한 재산을 말예

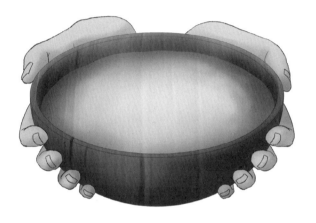

요. 저도 아무렇게나 물을 떠 주어버리면 그만이지만. 그 물이 맑지 못하다면 그건 제 도리가 아니에요. 주인으로서 손님을 허술하게 대접할 수가 있겠어요?"

물에 티가 없는 것을 확인한 뒤, 소녀는 산적의 괴수에게 그 물을 공손히 올렸다. 산적은 물을 받고 말할 수 없는 고마움을 느꼈다. 지금까지 굳게 닫힌 마음의 창문이 스르르 열리는 것 같았다.

"너는 정말 착한 아이로구나. 고향에 있는 우리 누이동생처럼 귀엽기도 하구나. 아무쪼록 언제까지고 그 고운 마음씨를 버리지 말아다오."

소녀는 조용히 웃으면서 대답했다.

"그러겠어요."

그러면서 말을 이었다.

"방금 당신은 저를 누이처럼 귀엽다고 하셨습니다. 그렇다면 한 말씀 드리겠는데요, 이렇게 다니면서 남의 물건을 빼앗는 동안에 어쩌면 붙들려 맞아 죽을는지도 몰라요. 우리 오빠가 그러한 죽음을 당했다고 한다면, 나는 얼마나 슬프겠어요? 만일 당신이 저를 누이처럼 생각해 주신다면, 제발 저를 슬프게 하지 말아 주세요."

산적의 괴수와 그의 무리들은 잠자코 소녀의 얼굴을 바라보았다. 그들은 마음속에 깊은 감동을 받고, 한참을 멍하니 서 있다가 조용히 집을 떠나갔다. 그날 밤 이 마을에서 산적에게 털린 집은 물론 한 집도 없었다. 그리고 그 뒤부터 무서운 산적의 자취도 그 근처에서 영영 사라지고 말았다.

『비나야잡사(毘奈耶雜事)』에서

•후기　　　사나운 도둑의 마음도 한 소녀의 부드러움 앞에서는 머리를 숙였다. 본래 도둑의 마음이 따로 있는 것은 아니다. 한 생각이 비뚤어진 데서 굴러 떨어지게 된 것이다. 사나운 마음을 사나움으로는 다스리기 어렵다. 그것은 부드러움으로 포근히 어루만질 때 비로소 본 모양으로 돌아가는가 보다. 모진 비바람에도 움쩍 않던 소나무가 부드럽고 하얀 눈에 쌓여 꺾여지는 것을 겨울 산에서는 흔히 볼 수 있듯이.

땅거미
薄暮

○

'옛날'이라고 미리 입가심을 하지 않아도 좋으리라.

'예쁘다!' 이렇게 한 말로 때우기에는 어여쁜 공주公主가 있었다. 으레 옛 이야기의 허두가 그렇듯이—. 그 아름다움을 꽃이나 달에 견주던 시절이 있었지만 그와 같은 꽃이나 달도 이 세상에는 일찍이 없었노라고 해야 할 것이다. 그러니까 설사 '미스유니버스'네 어쩌고 하는 수선스런 모임이었다 하더라도 공주는 그런 데에 반눈도 팔지 않았으리라.

그건 그렇고. 깊숙한 산골에 살고 있는 심술이 고약한

악마는 어떻게 했으면 이 예쁜 아가씨를 덮치나 하고 제법 고민 비슷한 것을 하고 있었다. 그러던 어느 날, 악마는 왕궁의 지붕 위에 올라가 뜰 안을 기웃거리다가, 때마침 꽃그늘 아래서 시종들과 즐겁게 놀고 있는 공주를 보았다. 그러나 함께 있는 사람들이 너무 많아 좀처럼 손을 뻗칠 수가 없었다.

"낮 동안은 안되겠는걸 어두워지면 덮쳐야지."

악마는 지붕 위에 쭈그리고 앉은 채 밤이 되기를 기다리기로 했다. 마침내 해가 기울자 산그늘이 번지고 있었다. 아직도 뜰에서 놀이에 열중하고 있는 공주에게, 나이든 한 시종이 다가서면서 아뢰었다.

"공주님, 이젠 해가 져버렸어요. 땅거미薄暮가 지면 어떤 것이 나타날지 몰라요. 그만 놀이를 그치고 돌아가세요. 정말 땅거미처럼 무서운 것은 없거든요."

이때 이 소리를 들은 것은 지붕 위에 있는 악마였다.

"뭐? '땅거미'란 놈이 온다고? 땅거미만큼 무서운 것은 없다고? 도대체 그 녀석은 어떻게 생긴 놈일까? 아마 나보다 힘이 센 놈이겠지. 이렇게 어름어름하고 있을 때가 아니군. 하지만 '땅거미'가 어떻게 생긴 놈인지 한 번 보고 싶은 걸…. 그렇지, 저기 마구간이 있군. 어디 한 번 말로 변신變身해서 엿보아야지."

이렇게 생각한 악마는 곧 마구간으로 갔다. 키가 크고 살이 찐 한 필의 말로 둔갑하여 다른 말에 섞이어 밤이 진하게 내리기를 기다리고 있었다.

그런데 가던 날이 장날이란 말은 이런 때를 두고 한 모양이었다. 그때 마침 거기에 온 것은 한 사람의 말 도둑이었다. 말 도둑은 그중에서 가장 크고 투실투실 살이 찐 말을 더듬어서 골라내었다. 물론 그 말은 조금 전에 악마가 둔갑한 말이라는 것을 그가 알 턱이 없었다.

말 도둑은 더 지체할 것도 없다는 듯이 펄쩍 말 잔등에 뛰어올랐다. 이때 깜짝 놀란 것은 악마였다. 캄캄한 어둠 속에서 무엇인가 털퍽 잔등에 달라붙었기 때문에 놀랐을 것은 물론이다.

"바로 이놈이 땅거미란 놈이군! 내 목숨을 앗으려고 달라붙었구나!"

악마는 순식간에 뛰어 달아났다. 말 도둑 편에서는 말이 너무 사정없이 내닫기 때문에, 이거 큰일인데 하고, 고삐를 잔뜩 조이고는 말 잔등에 찰싹 달라붙어 떨어지지

않도록 했다. 이럴수록 악마는 넋을 잃고 뛰었다. '걸음아 나 살려라'를 외쳐볼 겨를도 없이, 그야말로 혼백魂魄이 흩어질 지경이었다. 악마는 자기가 살고 있는 산골짝을 향해 내닫고 있었다.

얼마 안되어 숲에 이르렀다. 이 숲속에서는 한곳에 깊은 구렁이 있는데, 악마는 선뜻 그곳을 생각하였다. 그래서 잔등에 달라붙은 땅거미란 놈을 그 구렁 속에 떨쳐버리는 데에 성공하였다. 그 구렁 곁에 있는 나뭇가지 위에는 한 마리의 원숭이가 앉아 있었다. 한 밤에 흐르는 별이라도 바라봄인지 원숭이는 숨이 차 씨근거리는 소리를 듣고 놀라서 악마에게 물었다.

"왜 이러시오 형씨? 어째서 그리 헐떡거리지? 무슨 일이라도 있었나?"

"형씨고 나발이고 말 마라. 지금 막 땅거미란 놈한테 붙들려, 임마 까딱했더라면 죽을 뻔 했어. 그래도 운수가 좋아 저기 구렁 속에 떨쳐버렸다마는…."

이 말을 듣고 원숭이는 배꼽을 쥐고 키득키득 웃어댔다.

"뭐, 땅거미라고? 이 세상에 그런 것이 어디 있어? 하하하… 나 원 참. 내가 보기엔 지금 네가 떨쳐버린 것은 사람 같더라."

"임마, 땅거미가 틀림없어! 아니 네가 아니라고 할 만한 무슨 증거라도 있니?"

"원숭이는 머리를 갸웃거리면서 별로 증거라 할 것은 없지만 얼핏 보니 사람 같던데…."

"아니, 너의 손자뻘 된다는 그 사람 말이지?"

"손자뻘은 무슨. 그 애들과는 씨가 달라. 종자가 다르단 말이야. '다윈'인가 하는 그놈의 털보 영감탱이가 독버

섯을 잘못 먹고 짓거린 헛소리를 가지고 이러쿵저러쿵 해 쌌지 뭐. 심지어 어떤 놈은 우리더러 '썩 꺼져버려, 너희들은 우리 인간의 원수다!' 하고 눈을 부라리기까지 하더라만. 어쨌든 내가 한 번 알아 봐야지."

원숭이는 어깨를 한 번 으쓱 재고 나서 뽀르르 나무에서 내려왔다. 구렁 속을 기웃거려 보았으나 깜깜해서 아무것도 보이지 않았다. 그래서 원숭이는 긴 꼬리를 구렁 속에 드리우고 이리저리 내저어 보았다. 말 도둑은 정신을 차리고 나서, 나갈 길을 궁리하고 있었을 것은 더 말할 것도 없다. 무엇인가 기다린 것이 어른어른 움직이는 것이 아닌가.

"옳지. 누군가가 밧줄을 내려주고 있구나."

이렇게 생각하고 다짜고짜 덥석 그 밧줄에 매달렸다. 물론 그것은 원숭이의 꼬리였는데. 원숭이는 이크! 놀라고 무어고 할 새 없이 붙잡힌 것을 떨쳐버리려고 갖은 애를 다 썼다. 그러나 말 도둑은 말 도둑대로 구렁에서 벗어나야겠다는 이 한 생각뿐이라서 놓지 않으려고 그도 또한 갖은 힘을 다 기울였다. 원숭이는 얼굴이 빨개져가지고 있는 힘을 다해 바둥거렸다. 말하자면 젖 먹던 시절의 것까지 온통 힘을 썼기 때문에, 그만 꼬리가 몽땅 잘 려지고 말았다.

"아얏!"

원숭이는 소리를 치면서 정신없이 나뭇가지로 뛰어 올 랐다. 악마는 이때, "저놈이 땅거미임에 틀림없다. 무섭다 는 그 땅거미가 아니고야 영리한 원숭이 놈을 저렇게 형 편없이 만들겠는가?" 하고는 두 주먹을 불끈 쥐고 산골 짝 깊이 도망치고 말았다. 원숭이의 얼굴과 밑이 빨갛게 된 것은 이때부터라고.

막망상莫妄想! 막망상莫妄想!

『본생담(本生譚)』에서

구도자

○

어제부터 내리는 눈은 쉬이 멎을 것 같지가 않았다. 허공에는 마냥 부옇게 묻어오는 잿빛뿐이었다. 한 젊은 사나이가 눈길을 걷고 있다. 푹푹 빠지는 길을 피곤한 줄도 모르고 묵묵히 걸어가고 있다. 굳게 닫은 입, 무뚝뚝한 코, 불꽃이 튀기는 듯한 눈의 정기. 눈에 묻힌 깊은 산골의 해는 점심만 먹고 나면 그만 흐미하게 졸기 시작한다. 그는 아까부터 눈길을 걸으면서 줄곧 깊은 생각에 잠겨 있었다.

지금까지 읽어온 그 많은 책들! 인간의 성장사成長史에

끼친 그 고전古典이란 것들을 찾아 얼마나 많이 헤매었던 가! 마치 알피니스트들이 늘 새로운 산정山頂을 찾아 정복 하듯이. 그리고 지혜롭다는 인격들을 찾아 만나본 수는 또 얼마이던가. 그러나 무수한 그 서적과 인사들도 그가 목마르게 갈망하고 있는 바는 끝내 채워 주지 못했다. 그 가 그렇게도 줄기차게 찾아 헤맨 것은 머리로 받아들이 는 공허한 회색 이론이 아니었다.

생명이 통곡할 수 있는 목소리가 가슴을 치는 싱싱한 그 목소리가 진정으로 그리웠던 것이다. 도량이 넓고 큰 그였지만, 날이 갈수록 마음은 초조하고 불안하기만 했 다. 먹는 것도 자는 것도 거를 때가 많았다. 몸도 야위고 마음도 야위어 갔다. 그가 지금 눈에 묻혀 분간도 할 수 없는 산골짝 길을 걸어나는 것은, 바위 끝 낡은 암자에 서 아홉 해 동안을 줄곧 벽만 바라보고 앉아 있다는 한 노승老僧을 찾아보기 위해서였다.

노승은 이 깊은 산속 암자에 들어온 뒤 십년이 가까워 지도록 바깥출입이란 전혀 없다는 것이다. 칡뿌리와 솔잎 을 말려놓은 것을 보았다는 나무꾼은 있다지만 무얼 먹 고 사는지 알 길이 없었다. 누덕누덕 기운 옷에 훌렁 벗

어진 이마, 수염은 언제 깎고 말았는지 덥수룩했다. 더러는 법을 물으러 간 젊은 승려들이 있어 아무리 간청을 하여도 단 한마디도 입을 열지 않는다는 것이다.

노승이 십년을 하루같이 이런 벽을 바라보며 화석처럼 말없이 앉아 있는 것은 새삼스레 참선을 위해서도 아니었다. 그렇다고 세상이 싫어서 숨어 살기 위한 것은 더욱 아니었다. 어쩌면 그것은 여생이 머지않은 그가 법을 들려줄 제자를 간절히 기다리는 엄숙하고 처절한 자세인지도 모른다.

젊은 사나이는 불타는 구도의 일념으로 죽기를 무릅쓰고 그 험한 눈길을 헤치며 쉬지 않고 걸었다. 마침내 그는 해가 설핏할 무렵 하여 괴괴한 암자에 다달았다. 다 허물어져 가는 낡은 집 추녀 아래에서 젖은 옷을 털고 몇 차례 밭은기침을 해보았다. 아무 반응도 없었다. 때아닌 인기척에 날짐승만 놀라 푸드득 날았다. 다시 고요해졌다. 빈집 같았다. 문을 잡아 당겼다. 안으로 걸려 있었다. 분명히 문 밖에는 투박한 짚신이 한 켤레 벗어져 있는데도 노승이 만나주지 않아, 사내는 어쩔 수 없이 문 밖에 선 채, 밤을 드새더라도 물러가지 않겠다고 속으로 다짐했다.

옛사람들은 도를 구해 목숨도 오히려 기꺼이 버렸다는데, 이런 것쯤은 아무것도 아니라고!

찬 눈을 맞으면서 한밤을 드새었다. 눈은 쌓여 허벅다리까지 묻혔다. 다음날 아침에야 비로소 문이 열렸다. 검은 얼굴에 덥수룩한 수염이 내다보았다.

"허, 네가 오랫동안 눈 속에 서 있었구나. 대체 무엇을 구하느냐?"

나직하지만 힘 있는 목소리다. 젊은이는 왈칵 흐느껴 울면서 부르짖었다.

"스님! 원컨대 자비의 문을 열어 널리 중생을 건지시옵소서."

"모든 부처님께서는 무상묘도無上妙道를 무량겁을 두고 닦아서, 행하기 어려운 것을 능히 행하고 견디기 어려운 것을 능히 견디었느니라. 네 조그마한 덕과 지혜, 그 교만한 마음으로 어떻게 참된 법을 얻겠다고 하느냐? 부질없이 수고로울 뿐이니라."

사내는 서릿발 같은 노승의 이 말을 간절한 격려의 말로 들었다. 목숨을 버려서라도 노승에게서 도를 배워야겠다고 비상한 결심을 했다. 허리에 차고 있던 칼을 뽑았다. 선뜻 자기의 왼쪽 팔을 쳤다. 하얀 눈 위에 빨간 피가 번졌다. 동강 끊어진 팔을 노승 앞에 바쳤다. 노승은 퉁방울 같은 눈으로 젊은 사내를 쏘아보았다. 속으로는 '이제야 사람 하나를 만났구나' 싶었다. 십년의 그 오랜 기다림이 결코 헛되지 않았다.

"으음… 모든 부처님이 처음 도를 구할 때에 법을 위해 형상을 잊었느니라. 네가 이제 내 앞에서 팔뚝을 끊었구나. 이만 가까이 오너라."

노승의 말소리는 한결 부드러워졌다. 젊은이는 한걸음 다가서면서 열띤 소리로 간청했다.

"스님, 제게 부처님의 법인法印을 들려주옵소서."

"부처님의 법인은 남한테서 얻을 수 있는 것이 아니니라."

노승의 목소리는 다시 차갑도록 엄숙했다. 진리는 누구한테서 얻어들어 아는 그런 것이 아니라, 스스로 찾아내야 한다는 말이었다. 이 말을 듣고 젊은이는 머리를 숙인 채 괴로움에 안절부절 어찌할 바를 몰랐다. 이렇게 한동안 묵묵히 있던 그는 애원하듯 매달렸다.

"스님, 지금 제 마음이 몹시 불안합니다. 제발 저를 안심시켜 주십시오."

"그래? 어디 그럼 그 마음을 내게로 가지고 오너라. 그러면 너를 안심하게 해 주마."

젊은이는 앞이 콱 막혔다. 깜깜한 절벽이었다. 어디선

가 먼 바다에서 밀물소리가 들려오고 있었다. 천길 낭떠러지 앞에 아얌아얌 서 있었다. 솔바람 소리가 귓전을 스쳤다. 그는 더 견딜 수가 없었다. 울먹이는 소리로 부르짖었다.

"스님, 마음을 아무리 찾아보아도 찾을 수가 없습니다."

노승의 얼굴에는 비로소 환한 미소가 피어났다. 결결한 음성으로 이같이 말했다.

"내가 너를 위해서 이제야 마음을 놓겠노라."

푸드득 멥새가 날자 가지 위에 쌓인 눈이 달빛처럼 내렸다. 그새 눈은 멎어 있었다. 잿빛 하늘이 열린 틈으로 아침 햇살이 눈부시게 쏟아지고 있었다.

• 후기   그렇습니다. 이것은 중국 선종의 제2조인 혜가가 초조인 달마를 찾아가 설중단비雪中斷臂로써 구도한 이야기입니다. 지금까지 전해온 기록과는 얼마쯤 다른 점이 있을 줄 압니다. 그것은 하늘도 저렇게 높아버린 계절이고 해서 상상의 나래를 가볍게 펼쳐본 것에 지나지 않습니다.

법정스님이 세상에 남긴

맑고 향기로운 이야기

초판 1쇄 인쇄일	2020년 5월 10일
초판 1쇄 발행일	2020년 5월 15일
글	법정스님
그림	김계윤
발행인	정호스님
발행처	대한불교조계종 불교신문사
책임편집	여태동
사진제공	(사)맑고 향기롭게
편집제작	선연
출판등록	2007년 9월 7일(등록 제300-207-133호)
주소	서울시 종로구 우정국로 67 전법회관 5층
전화	02)733-1604
팩스	02)3210-0179
e-mail	tdyeo@ibulgyo.com

ISBN 979-11-89147-09-9   03220

값 6,000원